L'AME EN PEINE

OPÉRA-FANTASTIQUE EN DEUX ACTES,

PAROLES DE

M. DE SAINT-GEORGES,

MUSIQUE DE

M. DE FLOTOW,

Divertissements de M. CORALLI. — Décors: le 1er acte de M. THIERRY,
le 2e acte de MM. CICÉRI et RUBÉ.

Représenté pour la première fois
à Paris, sur le théâtre de l'Académie royale de Musique, le 29 Juin 1846.

« Si les âmes de ceux que nous avons aimés revenaient
» jamais ici bas, que de cruels mécomptes ne trouveraient-
» elles pas dans ce monde !... »

SCHWITT.

Prix : 1 franc.

Paris,

Mme Ve JONAS, LIBRAIRE-ÉDITEUR DE L'OPÉRA,
PASSAGE DU GRAND-CERF, 52.

1846

Imp. BONDET-DUPAT, r. S.-Louis, 46, au Marais.

L'AME EN PEINE,

OPÉRA FANTASTIQUE EN DEUX ACTES.

PAROLES DE

M. DE SAINT-GEORGES, (Jules-Henri)

MUSIQUE DE

M. DE FLOTOW,

Divertissements de M. CORALLI. — Décors: le 1ᵉʳ acte de M. THIERRY,
le 2ᵉ acte de MM. CICÉRI et RUBÉ.

REPRÉSENTÉ, POUR LA PREMIÈRE FOIS,

à Paris, sur le théâtre de l'Académie royale de Musique,

le 29 juin 1846.

> « Si les âmes de ceux que nous avons aimés
> » revenaient jamais ici-bas, que de cruels mé-
> » comptes ne trouveraient-elles pas dans ce
> » monde !..... »
>
> SCHWITT.

PARIS,

Mᵐᵉ Vᵉ JONAS, LIBRAIRE-ÉDITEUR DE L'ACADÉMIE ROYALE DE MUSIQUE,

PASSAGE DU GRAND-CERF, 52.

1846.

Distribution.

CHANT.

FRANTZ, garde forestier...................................... MM. Barroilhet,

LÉOPOLD, jeune officier...................................... Gardoni.

LE SÉNÉCHAL .... Bremond,

UN PAYSAN... Koenig.

LA COMTESSE DE ROSENTHAL........................ Mlles Dobré.

PAOLA, jeune orpheline..................................... Nau,

Officiers, Dames, Piqueurs, Chasseurs, Paysans, Paysannes.

DANSE.

Constables.

MM. Lenfant, Isambert, Lefèvre, Monnet.

Piqueurs.

MM. Darcour, Morand, Millot, Carré, Cornet, Deschamps.

Enfants.

MM. Minar, Wiéthof 2me, Dieul 1er, Frapar, Nettre, Levavasseur.

Dames de la suite de la Comtesse.

Mmes Rose, Pézée, Dunfeld, Chauvin.

CORPS DANSANT.

Paysans.

MM. Archinard, Chatillon, Scio, Gondoin, Alexandre, Vendris, Wiéthof 1er, Maujin, Clément,
Josset, Pinguely, Helleville.

Coryphées.

Mmes Franck, Danse, Lacoste, Marquet 2me, Nathan, Jeunot.

Paysannes.

Mmes Rousseau, Toutain, Gayot, Cluchard, Savel, Maujin, Passérieux, Marquet 3me,
Favre, Chambret, Laurent 2me, Mayé.

L'AME EN PEINE,

OPÉRA FANTASTIQUE EN DEUX ACTES.

ACTE PREMIER.

La scène se passe en Styrie.

Le théâtre représente une vallée très-boisée, dont le fond est borné par de hauts rochers et des précipices auxquels on monte par un sentier taillé dans le roc et en vue du spectateur; à gauche de l'acteur, la maisonnette de Frantz.

SCÈNE PREMIÈRE.

On entend des fanfares de cor se répondre de différents côtés, et une troupe de chasseurs paraît.

CHOEUR.

Le cor résonne,
La chasse part,
Le piqueur sonne
Pour le départ;
L'écho répète
Le bruit des voix,
Le cerf s'arrête
Au fond des bois;

Tayo! tayo! courant sur sa trace,
Tayo! tayo! voici le jour!
Dès qu'il paraît, vive la chasse!
Dès qu'il s'enfuit, vive l'amour!

UN CHASSEUR, *indiquant la maison de Frantz.*
Allons, frappons à la demeure
Du brave Frantz, notre chef, notre ami!
De notre départ voici l'heure,
Et le rendez-vous est ici!

Il frappe.

SCÈNE II.

LES MÊMES, PAOLA, *sortant de la chaumière.*
TOUS, *en la voyant.*
C'est Paola, c'est sa jeune cousine!...
A Paola.
Pourquoi Frantz ne paraît-il pas?...
PAOLA,
Frantz est parti pour la ville voisine.
TOUS.
Et qui donc y conduit ses pas?
PAOLA.
Notre charmante suzeraine
Revient, dit-on, dans ce riche domaine
Et Frantz, au devant d'elle, aussitôt a couru!
LE CHASSEUR.
Partons donc sans retard, assez de temps perdu.
REPRISE DU CHOEUR.
Le cor résonne,
La chasse part, etc.
Ils sortent tous, excepté Paola.

SCÈNE III.

PAOLA, *seule.*
RÉCITATIF.
Ils s'éloignent enfin!... que l'heure de l'attente,
Pour une âme qui souffre, est lente!
Ah! combien Léopold, hélas! tarde à venir!
Pour lui j'ai pu tromper la tendre vigilance
De Frantz, le protecteur, l'ami de mon enfance!
Puisse Dieu ne pas m'en punir!

CHANT.
Moi, pauvre fille de village!
Il m'aima, lui, noble seigneur!
Ma tendresse fut son ouvrage,
Et la sienne est mon seul bonheur!
Mais, aujourd'hui même, à la guerre,
On dit, hélas! qu'il va partir!...
Ah! si je dois le perdre, écoute ma prière....
O mon Dieu! laisse-moi mourir!

CABALETTA.
Son amour est ma foi!
Son amour est ma vie!
Son image chérie
Est toujours devant moi!
Quand la nuit, sur les cieux
Laisse tomber son voile,
Son regard est l'étoile
Que préfèrent mes yeux!

Mais quel bruit, au lointain, vient troubler le silence?
De son coursier je reconnais les pas!...
Non, non, je ne me trompe pas,
Et c'est lui qui vers moi s'avance!
REPRISE DE LA CABALETTA.
Son amour est ma foi!
Son amour est ma vie! etc.

SCÈNE IV.

PAOLA, LÉOPOLD, *accourant.*

LÉOPOLD.
Paola!...

PAOLA.
...Léopold...

LÉOPOLD.

...Enfin, je te revoi!
Ah! tout est oublié quand je suis près de toi!

ENSEMBLE.

O doux transport! moment d'ivresse!
Auprès de toi, plus de malheur!
Avec ton cœur je puis sans cesse
Braver l'absence et la douleur!

PAOLA.

Heureuse et calme, en ma chaumière
Je vivais sans regrets, sans espoir, sans amour!...
Mais, hélas! je vous vis un jour,
Et j'oubliai tout sur la terre!
Tout, Léopold, jusqu'à l'honneur qu'un père
Me léguait en mourant...

LÉOPOLD.

...Le devoir militaire
M'empêche, sans l'aveu du roi,
En ce pays, de disposer de moi!...
Mais que Dieu m'épargne à la guerre,
A mon retour tu recevras ma foi!

PAOLA.

En votre amour, en votre honneur, je croi!

LÉOPOLD.

ROMANCE.

PREMIER COUPLET.

Prends cet anneau, de ma foi c'est le gage,
Il nous unit tous deux devant le ciel!
Et pour la vie, ici-bas, il m'engage
A t'assurer un bonheur éternel!
L'amour ardent, que ma bouche te jure,
Saura braver et l'absence et le temps!
Car, Dieu l'a dit: Il punit le parjure,
Et bénit les amours constants!

PAOLA.

DEUXIÈME COUPLET.

A mon erreur, mon père, faites grâce!
Il m'aimait tant!... Dieu nous pardonnera!
Ah! gardez-moi, près de vous, une place?
Mais laissez-moi bien l'aimer jusque-là!

A Léopold.

L'amour ardent, que ta bouche me jure,
Devra braver et l'absence et le temps!...
Songe-s-y bien : Dieu punit le parjure,
Et bénit les amours constants!

ENSEMBLE.

LÉOPOLD.

Oui, je le sais, Dieu punit le parjure,
Et bénit les amours constants!

PAOLA.

Songe-s-y bien : Dieu punit le parjure,
Et bénit les amours constants!

LÉOPOLD, à Paola.

Cette entrevue est, hélas! la dernière!

PAOLA, avec douleur.

Quoi! vous partez?...

LÉOPOLD.

...Pour la frontière,
Dans un moment...

PAOLA.

...Cruel devoir!
Et pas un jour?...

LÉOPOLD.

...Impossible!... ce soir,
Nous nous mettons en route, et de cette chaumière
L'on entendra notre marche guerrière,
Qui de la vallée, en ce lieu,
S'élèvera vers toi, comme un dernier adieu!

PAOLA.

Ah! comment supporter un si cruel adieu?

LÉOPOLD.

Ne crains pas l'absence,
Et que ma constance
Calme ta souffrance!...
Pour toi mes amours!
Jamais de nuages,
De tristes présages,
A moi les orages,
A toi les beaux jours!

PAOLA.

La douce espérance
De votre constance
Doit en votre absence
Soutenir mes jours!...
Non, plus de nuages,
De tristes présages;
A moi les orages!
A vous les beaux jours!

Et maintenant, il faut partir!...

LÉOPOLD.

Déjà partir?

PAOLA.

On peut venir,
Il faut partir!

ENSEMBLE, à deux voix.

PAOLA.

La douce espérance
De votre constance! etc.

LÉOPOLD.

Ne crains pas l'absence!
Et que ma constance, etc.

LÉOPOLD.

Notre marche, au lointain, s'élevant vers ce lieu,
T'apportera notre dernier adieu!

ENSEMBLE.

PAOLA.

Adieu! adieu!

LÉOPOLD.

Adieu! adieu!

Léopold s'éloigne rapidement par le sentier de gauche,
et Paola tombe assise, accablée, sur un banc de
gazon, au moment où paraît Frantz par la droite.

SCÈNE V.

PAOLA, FRANTZ.

FRANTZ, *accourant joyeusement, à Paola.*
Ma Paola ! ma jeune amie !..
C'est moi, Frantz... c'est le protecteur
Que ton père, en mourant, t'a donné pour la vie !
Et qui revient vers toi, plein de bonheur !

PAOLA.
Ah ! tu le sais, mon amitié sans cesse
Voudrait te voir heureux !

FRANTZ, *en confidence.*
Eh bien, ta sœur de lait, notre belle comtesse,
Peut-être, dans ce jour, va combler tous mes vœux !

PAOLA.
Explique-toi...

FRANTZ, *en riant,*
...Non pas ; c'est par trop difficile !...
La comtesse, aujourd'hui, sera bien plus habile...
Elle te dira tout... Mais, pour la recevoir,
Va te parer, ma sœur...

PAOLA, *lui tendant la main et rentrant dans la maison.*
...Adieu, Frantz... au revoir !

SCÈNE VI.

FRANTZ, *seul.*

RÉCITATIF.

Me voilà seul ; en sa présence
Je n'osais laisser voir mes transports de bonheur !
Car ma noble maîtresse a de ma confidence
Écouté les aveux... et doit, douce espérance,
Apprendre à Paola le secret de mon cœur !

CHANT.

Fleur solitaire,
Un doux mystère,
Dans ma chaumière,
Cacha tes jours !...
Mais je t'adore !
Mon cœur t'implore !
Voici l'aurore
De mes amours !

J'avais promis à son vieux père
D'aimer comme une sœur cette naïve enfant !
Mais bientôt, l'amitié du frère
Fit place à l'amour d'un amant !
Pouvais-je, hélas ! faire autrement ?

La blanche Marguerite,
Que le printemps visite
Et qu'un zéphyr agite,
A bien moins de fraîcheur...
Et chaque jour, près d'elle,
Une grâce nouvelle
Pour moi la rend plus belle
Et plus chère à mon cœur !

Mais près de Paola, saisi d'un trouble extrême,
En voyant tant d'attraits dans cette belle enfant,
Je n'ose lui dire : je t'aime !
Et je répète tout tremblant :
La blanche Marguerite,
Que le printemps visite, etc.

On entend le chœur suivant, dans le lointain.

FRANTZ.
J'entends au loin, dans la vallée,
Des chants de fête retentir.
Des villageois c'est la foule assemblée
Qui, dans ces lieux, s'empresse d'accourir.

SCÈNE VII.

FRANTZ, LE SÉNÉCHAL *du Comté ;* VILLAGEOIS *et* VILLAGEOISES *de la vallée de Rosenthal.*

CHOEUR.

La belle fête !
Ah ! quel beau jour
Pour nous s'apprête
En ce séjour !
A la maîtresse
De ces beaux lieux,
Avec ivresse
Offrons nos vœux !

LE SÉNÉCHAL, *à Frantz.*
Tous les vassaux de la jeune comtesse
Au-devant d'elle avec moi sont venus !

FRANTZ.
Ils n'en seront que mieux reçus
Par notre excellente maîtresse !...
Moi, je l'ai déjà vue...

TOUS.
...Est-il heureux, vraiment

LE SÉNÉCHAL, *aux Villageois.*
Dans ce pays s'écoula son enfance ;
Elle aimait alors son cousin,
Le comte Léopold... mais malgré sa souffrance,
Son père, sans pitié, disposa de sa main
Pour un plus grand seigneur... une riche alliance...
Elle est veuve, à présent, et...

FRANTZ.
...Quelle médisance !...
Le comte Léopold, qui vient souvent ici
Avec son régiment, va se remettre en route ;
Il est déjà parti pour la guerre, sans doute,
Et la comtesse, amis, ne revient en ces lieux
Que pour y vivre en paix et faire des heureux !...
Moi, j'en sais quelque chose...

LE SÉNÉCHAL, *à un Paysan.*
Ulrich, sur la colline ;
Va la guetter dans la route voisine,
Et pour l'apercevoir de plus loin, mon enfant,
Monte sur le pont du torrent.

FRANTZ, *avec effroi, retenant Ulrich.*

Arrête, malheureux! Ta mort serait certaine,
  Si tu passais sur le pont du torrent!

TOUS, *entourant Frantz.*

Que dit-il donc?...

FRANTZ.

          ...Ce pont est formé d'un vieux chêne
Miné depuis longtemps; et moi, qui de ces bois
Suis le garde, et connais leurs dangereux passages,
Je l'ai vu ce matin, sous les pas d'un chamois,
Trembler, presque fléchir, usé par les orages...
  Et si quelqu'un de vous le traversait, hélas!
    Il s'enfoncerait sous ses pas!

TOUS.

O ciel!...

FRANTZ.

  ...Mais, dès demain, prévenus par moi-même,
Nos bûcherons le précipiteront
Dans notre affreux ravin, gouffre horrible et sans
                                        [fond!!

        On entend une ritournelle gaie.

LE SÉNÉCHAL.

Ecoutez, mes amis..., c'est elle! ô joie extrême!...
    C'est elle! je la vois d'ici!...

TOUS LES VILLAGEOIS, *regardant au fond.*

    C'est la comtesse!... La voici!!

SCÈNE VIII.

LES MÊMES, LA COMTESSE, *accompagnée de Va-
lets et d'Écuyers.*

REPRISE DU CHOEUR.

La belle fête!
Ah! quel beau jour
Pour nous s'apprête
En ce séjour!
A la maîtresse
De ces beaux lieux
Avec ivresse
Offrons nos vœux!

AIR.

LA COMTESSE.

Au doux pays de mon enfance,
Avec transports je reviens aujourd'hui!
C'est le bonheur et l'espérance
Qui conduisent mes pas ici!
  Ma mémoire fidèle,
  Au gré de mes désirs,
  Parmi vous me rappelle
  Mille doux souvenirs!...
  Et mon âme attendrie
  Retrouve dans ces lieux
  Et l'air de la patrie,
  Et mes plus tendres vœux!

CHOEUR.

Oui, son âme attendrie
Retrouve dans ces lieux
Et l'air de la patrie,
Et ses plus tendres vœux!

        Frantz entre dans la chaumière.

LE SÉNÉCHAL, *à la Comtesse.*

Permettez que de ce village
Ici je vous offre l'hommage,
Et que l'amour et le respect,
    Cherchant,
Et le respect... qu'à votre aspect...
Qu'à votre aspect... notre respect...
  Voyant entrer Paola conduite par Frantz.
Approchez-vous, ma jeune amie,
Et parlez ici pour nous deux!...

FRANTZ, *souriant.*

Je crois que cela vaudra mieux...

LA COMTESSE, *tendant la main à Paola, qui s'a-
vance entourée de jeunes filles portant des
bouquets et une couronne de fleurs.*

C'est Paola, la compagne chérie
  De tous mes plaisirs d'autrefois!

PAOLA, *timidement.*

Vous me reconnaissez?...

LA COMTESSE, *à part.*

        ...On n'est pas plus jolie!...
  Avec affection, à Paola.
Ma sœur de lait! c'est toi que je revois!...

COUPLETS.

PAOLA, *à la Comtesse.*

PREMIER COUPLET.

Les simples honneurs du village
Valent bien mieux que ceux des cours...
    Car toujours
Ils partent de l'âme, et je gage
Que la vôtre croit à nos vœux
    En ces lieux !
  Noble châtelaine!
  Belle suzeraine!
  Acceptez nos fleurs
    Et nos cœurs!...
  La blanche couronne
    Qu'aujourd'hui
  Notre main vous donne,
  L'amour l'offre aussi;
    La voici!

CHOEUR.

La blanche couronne
  Qu'aujourd'hui
Notre main vous donne,
L'amour l'offre aussi;
  La voici!

PAOLA.

DEUXIÈME COUPLET.

Laissant le lis de la vallée
Et les roses de nos jardins

Sans chagrins,
Ma main trouva dans la feuillée
La fleur qui dit : « N'oubliez pas! »
Sous mes pas...
Noble châtelaine!
Belle suzeraine!
Cette simple fleur
Vient du cœur!...
La blanche couronne
Qu'aujourd'hui
Notre main vous donne,
Le cœur l'offre aussi ;
La voici!

         Elle la lui présente.

CHOEUR.

La blanche couronne
Qu'aujourd'hui, etc.

FRANTZ, *à la Comtesse.*

Daignerez-vous, dans ma chaumière,
Vous reposer quelques instants?

LA COMTESSE.

Volontiers...

      Avec mystère.

Et ce soir, à celle qui t'est chère,
Avant de repartir, de tes doux sentiments
Je ferai confidence, ainsi que le désire
Mon brave forestier.

FRANTZ, *avec transport.*

      Vous comblez tous mes vœux!

LA COMTESSE, *à mi-voix.*

C'est que tu ne sais pas ce que ce lieu m'inspire,
Et combien j'ai pitié d'un amour malheureux!
J'ai tant souffert!...

FRANTZ, *à part, la regardant.*

      ...Eh! eh! de ce cœur qui soupire,
Notre vieux sénéchal a deviné les feux
Mal éteints, je le vois...

      Aux Paysans.

      ...Ici, notre maîtresse
Nous permet de trinquer, amis, en son honneur.
Célébrons son retour dans notre folle ivresse,
Et buvons tous à son bonheur!

TOUS.

Buvons, amis, à son bonheur.

FRANTZ.

COUPLETS.

Le bon vin,
Jus divin!
C'est le vin du Rhin ;
Par lui le chagrin,
Amis, s'enfuit soudain.

CHOEUR, *répétant.*

Le bon vin, etc., etc.

FRANTZ.

PREMIER COUPLET.

Quand mon verre est plein, toujours la vie
M'apparaît ici triste et flétrie!

Quand je l'ai vidé, bientôt j'oublie
Regrets et douleur!
Pour moi tout est bonheur!
Le bon vin, etc., etc.

CHOEUR, *répétant.*

Le bon vin, etc., etc.

FRANTZ.

SECOND COUPLET.

L'amour, par malheur, est peu fidèle;
Le temps, des amants, glace le zèle;
Des amis, le vin est le modèle,
Car plus il vieillit
Et plus on le chérit!
Le bon vin,
Jus divin!
C'est le vin du Rhin!
Par lui le chagrin
Amis, s'enfuit soudain...

CHOEUR, *répétant.*

Le bon vin,
Jus divin!

Sur la ritournelle du refrain, Frantz rentre dans sa
chaumière en y conduisant la Comtesse, et suivi
de tous les paysans.

SCÈNE IX.

PAOLA, *seule.*

La nuit approche... hélas! celui que j'aime
De ces lieux va bientôt partir...
Le reverrai-je, ô ciel! Est-ce un adieu suprême,
Que j'ai reçu de lui, lorsque je l'ai vu fuir?
    Veille sur lui, Vierge Marie,
    Jusqu'au jour si doux du retour!
    Dans le danger, garde sa vie,
    Et qu'il garde aussi notre amour!
Écoutons... rien encor; tout se tait dans la nuit!
De mes soupirs, ici, je n'entends que le bruit...
    Veille sur lui, Vierge Marie,
    Jusqu'au jour si doux du retour!
    Dans le danger, garde sa vie,
    Et veille aussi sur notre amour!
    Écoutant.
    Non, non, je ne me trompe pas!
    Cet air guerrier qui résonne là-bas...
    De Léopold, dans la campagne,
Le régiment s'avance! Encore un seul instant...
Si je pouvais le voir... Mais oui, de la montagne:
On peut l'apercevoir sur le pont du torrent,
    Sur ce pont, qui là-haut domine
    Toute la campagne voisine.
Courons-y, sans tarder; qu'il reçoive, ô mon Dieu!
    De mon cœur un dernier adieu!

Elle s'élance vivement par le sentier du fond, et on la
voit disparaître dans les détours de la montagne.

SCÈNE X.

FINAL.

Des accords joyeux se font entendre, et tous les Villageois rentrent en valsant.

CHŒUR.

La valse légère,
Si chère aux amours,
Par un doux mystère,
Charme tous nos jours!
L'austère sagesse,
　　Tout en valsant,
　　A la tendresse
　　Tourne souvent.

La nuit vient peu à peu pendant cette scène, et le fond est vivement éclairé par la lune.

SCÈNE XI.

LES MÊMES, *valsant;* FRANTZ, *ramenant la Comtesse.*

FRANTZ, *montrant les Paysans à la Comtesse.*
Voyez, madame, dans ces lieux,　　[reux!
Combien, sans me compter, vous avez fait d'heu-

Au moment où la valse est le plus animée, on entend au loin un cri, suivi d'un bruit violent. — Tout le monde s'arrête subitement, en paraissant écouter; pendant ce temps, la marche militaire semble se rapprocher, et devient plus distincte.

LA COMTESSE, *avec effroi.*
Avez-vous entendu ce bruit dans le lointain?

TOUS.
Sans doute! et c'est près du ravin!...

FRANTZ, *gaîment.*
Eh! ce n'est rien! Dans le bois solitaire,
Quelque chasseur perdu que guidera nos chants,
Et qui viendra se joindre à nous dans peu d'instants!
Valsons!... Amis, valsons!

TOUS, *reprenant leur valse.*
La valse légère,
Si chère aux amours,
Par un doux mystère,

Charme tous nos jours!

FRANTZ, *qui a cherché Paola dans les groupes, pendant la reprise de la valse.*
Mais je ne vois point Paola!
Où donc est-elle?... Cherchons-la!

TOUS, *après avoir regardé autour d'eux, pendant une ritournelle bruyante.*
Elle n'est point ici...

FRANTZ, *ressortant de la chaumière, avec agitation.*
...Ciel! ni dans ma chaumière!

TOUS.
Grands Dieux! quel étrange mystère!

FRANTZ.
Où donc est-elle allée?...

TOUS.
Amis, appelons-la,
Paola! Paola! Paola!

Quelques Villageois reviennent avec des branches de sapin allumées.

TOUS.
Au milieu de l'ombre,
Perçons la nuit sombre,
Ne nous lassons pas!...
Et sur la montagne,
Ou dans la campagne,
Courons sur ses pas!
　　Appelant.
Paola! Paola! Paola!

Apercevant Frantz qui reparaît sur le bord du précipice, l'écharpe de Paola à la main.

Voici Frantz! dans ses traits, quelle douleur cruelle!
Réponds, réponds... Où donc est-elle?
Paola! Paola!

FRANTZ, *avec un profond désespoir, montrant le précipice.*
Vous me la demandez!... Elle est morte!... Elle
　　　　　　　　　　　　　　[est là!...

Tous jettent un cri d'effroi. Frantz tombe évanoui dans les bras des Villageois. La Comtesse témoigne la plus vive douleur. Les Paysans, leurs torches à la main, forment des groupes au fond, et l'on entend la marche du régiment, qui se perd dans le lointain.

FIN DU PREMIER ACTE.

ACTE DEUXIÈME.

Le théâtre représente le parc du château de Rosenthal. — Au milieu, une vaste allée couverte, finissant en pente douce sur la scène, et laissant voir au fond, sous ses arceaux de verdure, la vieille abbaye de Sainte-Irène. A droite de l'acteur, la chapelle du château; une tonnelle couvrant un banc de gazon; au fond, une allée conduisant au château de Rosenthal.

SCÈNE PREMIÈRE.

Au lever du rideau des Villageois sont assis en scène, faisant des guirlandes de fleurs et des bouquets. Le Sénéchal est au milieu d'eux, présidant aux préparatifs de la fête.

CHOEUR.

Célébrons tous avec ivresse
Ce jour charmant, ce jour d'hymen,
Où notre excellente maîtresse
Va donner son cœur et sa main !

LE SÉNÉCHAL, aux *Paysans.*

Au noble Léopold aujourd'hui se marie
La comtesse de Rosenthal!
Le premier amour de leur vie
Sera récompensé d'un bonheur sans égal!

Apercevant Frantz qui paraît sur la hauteur.

Voici le pauvre Frantz! mes amis, à sa vue,
Retenez vos transports! sa raison est perdue.
Depuis bientôt deux ans qu'est morte Paola,
Il l'appelle sans cesse... et rien qu'à ce nom-là...
Il s'avance vers nous...

FRANTZ, avec sentiment, s'approchant des
Villageois.

...Ma douce Paola,

C'est aujourd'hui qu'elle viendra!

ROMANCE.

PREMIER COUPLET.

Depuis le jour, j'ai paré ma chaumière
De blanches fleurs, reines des prés;
Puis j'ai tressé sa couronne légère.
Mes bons amis, vous la verrez,
Vous la verrez, cette étoile que j'aime,
Et qui n'a brillé qu'un seul jour...
Ma Paola, mon bien suprême!
Ma Paola, mon seul amour!

CHOEUR.

Ah! plaignons, sa douleur extrême;
Car il a perdu sans retour
L'objet de son unique amour!

SECOND COUPLET.

C'était la nuit, j'étais seul, triste et sombre,
Quand à mes yeux, baignés de pleurs,
Elle apparaît, aussi pâle qu'une ombre...

Pour un instant, plus de douleur !
Elle me dit : ô Frantz! ô mon bon frère !
Oui, tous les ans, pendant ce jour,
Tu reverras celle qui t'est si chère,
Ta Paola, ton seul amour !

CHOEUR.

Ah! plaignons sa douleur amère,
Car il a perdu dans ce jour
L'objet de son unique amour!

FRANTZ, aux Paysans.

Chez moi, sans doute, elle est déjà;
Adieu! je cours revoir ma chère Paola!

Il s'éloigne avec agitation.

SCÈNE II.

LES MÊMES, excepté FRANTZ.

UN PAYSAN, le montrant aux autres.

L'infortuné! quelle triste folie!
Depuis que Paola perdit, hélas! la vie,
Sans en savoir la cause, on connaît son trépas...
Paola du tombeau ne ressortira pas !

LE SÉNÉCHAL, d'un d'un ton solennel.

Tout est possible à Dieu, pour calmer notre peine!
C'est aujourd'hui le jour de Sainte-Irène!...
Il court, sur ce jour-là, de fort sinistres bruits!...

CHOEUR.

Parlez!... parlez!...

LE SÉNÉCHAL.

...Malgré moi j'en frémis :

Baissant la voix!

On prétend que le ciel... ô terrible mystère!
Permet tous les ans qu'en ce lieu
Les âmes trépassées apparaissent sur terre
En ce funeste jour!... Mais que l'ordre de Dieu
Ne leur accorde ici d'être aperçues...
Ou bien même, d'être entendues...

CHOEUR.

Et de qui donc?...

LE SÉNÉCHAL.

...Mais seulement de ceux

Qui les aiment encor...

CHOEUR, au Sénéchal.

...Non, nous n'y pourrons croire!
Et c'est vraiment trop merveilleux!

LE SÉNÉCHAL.

Voici ce que, sur cette histoire,
Nous racontaient nos bons aïeux :

TOUS.

Voyons ce qu'en disaient ici nos bons aïeux !...

LE SÉNÉCHAL.

BALLADE.

PREMIER COUPLET.

Quand la cloche de l'abbaye
S'unit à de funèbres chants,
Les trépassés, pour qui l'on prie,
Reviennent parmi les vivants !
Alors, sur la verte fougère,
Dans nos bois, et sur la bruyère,
Si vous voyez un feu léger,
Briller, s'enfuit, ou voltiger...

C'est l'âme errante,
De quelque amante
Qui vient tremblante,
Pour moins souffrir,
Chercher sur terre
Une prière,
Un souvenir !...

CHOEUR,

C'est l'âme errante
De quelque amante
Qui vient tremblante,
Pour moins souffrir,
Chercher sur terre
Une prière,
Un souvenir !

LE SÉNÉCHAL.

SECOND COUPLET.

Pendant tout ce jour de mystère,
Invisible à l'indifférent,
L'âme n'apparaît sur la terre
Qu'à son tendre et fidèle amant;
Mais souvent, hélas ! l'inconstance
Vient ajouter à sa souffrance,
Et quand le chant du soir a lieu,
S'élançant dans le sein de Dieu...

L'âme tremblante
S'enfuit errante
Et gémissante,
Sans obtenir,
Pour sa misère,
Une prière,
Un souvenir !

CHOEUR.

L'âme tremblante
S'enfuit errante
Et gémissante,
Sans obtenir,

Pour sa misère,
Une prière,
Un souvenir !

LE SÉNÉCHAL, voyant venir Léopold.

Sur tout cela gardez bien le silence,
Voici le fiancé, le cœur plein d'espérance,
Il vient pour son heureux hymen,
Ne troublons pas son fortuné destin !

SCÈNE III.

LES MÊMES ; LÉOPOLD, Officiers, Amis de Léopold.

CHOEUR, a Léopold.

Ah ! pour vous quel doux mariage !
Il n'est pas de plus heureux jour...
Lorsqu'à l'hymen qui nous engage
Le cœur est conduit par l'amour...
Vive l'hymen !... vive l'amour !

LÉOPOLD.

Oui, mes amis, une noble alliance
Me ramène en ces lieux ! Ma compagne d'enfance,
De notre amour ayant gardé le souvenir,
Veuve, et libre à présent, à moi daigne s'unir !

Au Sénéchal.

Allez de mon retour ici la prévenir !

Reprise du chœur, sur lequel tout le monde sort,
excepté Léopold.

SCÈNE IV.

LÉOPOLD, seul.

Pendant deux ans, la plus terrible guerre,
Paola, m'éloigna de ta simple chaumière !
Pauvre enfant ! tu n'es plus !... Mon âme à la
[douleur
Se livra bien longtemps; mais un amour d'enfance
Est enfin rentré dans mon cœur !
Et l'espoir d'une noble et bien tendre alliance,
Sans bannir mes regrets, m'offre un nouveau bon-
[heur !

CAVATINE.

Amour d'enfance,
Moments si doux !
Tendre espérance,
Revenez-vous ?
Non, plus d'alarmes,
Le souvenir
Donne des charmes
A l'avenir !

Regardant autour de lui.

Avec transport, avec ivresse,
Je me retrouve dans ces lieux !

Montrant un côté du parc.

Voilà le banc où ma belle maîtresse
A reçu mes premiers aveux !

Il va au fond de la scène en examinant différents en-
droits du parc, et pendant ce temps, l'on entend
commencer le chœur suivant dans l'abbaye, avec
accompagnement d'orgue.

CHŒUR RELIGIEUX.

Dieu de clémence !
Accorde à nos vœux
Sainte espérance
Sur terre et dans les cieux !

LÉOPOLD, revenant et montrant un autre côté.

Dans ce sentier, douleur cruelle !
Elle m'adressa ses adieux...
Mais, hélas ! pourquoi tarde-t-elle
A revenir combler mes vœux ?...

Il va regarder au fond, et pendant ce temps, et sur
la reprise du chœur, on voit d'épaisses vapeurs s'é-
lever au fond de l'allée boisée du parc qui conduit
à l'abbaye ; l'âme de Paola parait au milieu des vapeurs, pâle et blanche, et les yeux levés vers le
ciel.

L'AME.

Du céleste séjour, à ma sainte prière,
Dieu m'accorde un seul jour !
Un seul jour, sur la terre,
Est-ce trop, ô mon Dieu ! pour un pareil amour ?

LÉOPOLD, revenant sans voir l'Ame, et désignant
la fin du chœur que l'on entend au fond.

Ces chants sacrés, ces funèbres accents
Répandent malgré moi le troublent dans mes
[sens !

L'AME, apercevant Léopold avec un vif mouvement de joie.

Le voici ! le voici !...
Mon Dieu, mon Dieu, merci !

L'Ame glisse alors vers Léopold, qui passe devant
elle sans la voir. En s'apercevant qu'elle n'en est
point vue, l'Ame fait un geste de douleur, et lui
présente son anneau.

LÉOPOLD, toujours sans voir l'Ame.

Bannissons de mon cœur ces noirs pressentiments !

Et tandis que l'Ame tremblante et placée près de Léopold, qui ne la voit pas, reprend le refrain de la
romance du premier acte :

L'amour ardent que ta bouche me jure
Devra braver les malheurs et le temps.
Songe-s-y bien, Dieu punit le parjure !
Et bénit les amours constants !

Léopold reprend à part, de son côté, la cabalette
de l'air :

Amour d'enfance,
Moments si doux !

Tendre espérance,
Revenez-vous, etc.

Sur la ritournelle de ce double chant, on voit entrer
la Comtesse. Léopold court à elle avec joie ; l'Ame
fait un geste de douleur, et disparait derrière un
massif de fleurs.

SCÈNE V.

LA COMTESSE, LÉOPOLD

DUO.

LA COMTESSE, à Léopold.

Enfin je vous revois ! les regrets, la souffrance,
Tout est oublié dans ce jour.

LÉOPOLD.

Oui, tout, chère Mathilde ! avec votre présence,
Et surtout grâce à votre amour !

ENSEMBLE.

LÉOPOLD, LA COMTESSE.

Longtemps sur nous gronda l'orage ;
Mais d'un destin trop rigoureux,
Fuit enfin le sombre nuage,
Et Dieu nous rend des jours heureux !

LÉOPOLD, amenant la Comtesse sur un banc de
mousse, et s'asseyant près d'elle.

De tout temps, il est un usage
Qui consacre les plus doux nœuds !

LA COMTESSE.

Et lequel ?

LÉOPOLD.

C'est du mariage,
D'échanger l'anneau précieux !

Sur ce dernier mot et comme évoquée par lui, l'Ame de
Paola parait tout à coup au milieu du massif de
fleurs près duquel la Comtesse et Léopold sont
assis.

L'AME, à part, avec douleur.

O ciel ! comme autrefois il me tint ce langage !

LA COMTESSE, à Léopold.

Avec bonheur, à ce tendre désir,
Ici, mon âme tout entière,
Cher Léopold, va consentir !

LÉOPOLD, à la Comtesse.

Oui, votre anneau, d'une union bien chère,
Sera le gage éternel et sacré !

L'AME, à part, avec indignation.

Cet anneau, c'est moi qui l'aurai !

Au moment où la Comtesse présente l'anneau à Léopold, en baissant les yeux, l'Ame étend la main au
milieu d'eux, saisit l'anneau de la Comtesse, et
présente le sien à Léopold, qui s'en empare, croyant
recevoir celui de la Comtesse.

LÉOPOLD *et* LA COMTESSE, *se levant avec transport.*

ENSEMBLE.

Douce tendresse!
Aimable ivresse!
Chère promesse
De nos amours!
Viens de mon âme
Bénir la flamme,
Et pour toujours.

L'AME, *à part.*

Douce promesse
D'une tendresse
Pleine d'ivresse,
Fuis pour toujours!
Pour moi, pauvre âme!
S'éteint la flamme
De ses amours!

Sur la fin de l'ensemble du duo, l'Ame s'est rapprochée de Léopold, qui passe devant elle emmenant la Comtesse, sans l'apercevoir.

L'AME, *avec désespoir.*

Personne sur la terre
Ne m'aime donc, hélas!...

FRANTZ, *paraissant et jetant un cri en voyant l'Ame invisible pour Léopold.*

Ma Paola! c'est toi!

Il s'arrête terrifié.

L'AME, *avec une vive émotion.*

Il m'a vue, ô mon Dieu! Le seul amour sincère,
C'est lui! c'est Frantz! qui l'éprouvait pour moi!

Elle disparaît au milieu des fleurs.

SCÈNE VI.

FRANTZ, *revenant à lui et cherchant Paola de tous côtés, avec délire.*

Ma Paola! ma sœur! ô ciel! où donc est-elle?
Ah! ce n'est plus un songe... et toujours jeune et
[belle,
Elle était là... Mon Dieu! rend-la donc à mes
[vœux!
Ou laisse-moi mourir pour la rejoindre aux cieux!

Cherchant de tous côtés, et l'appelant.

Paola! Paola! Paola!...

Il tombe anéanti d'émotion sur le banc et commence le chant suivant.

ROMANCE.

PREMIER COUPLET.

Viens, je t'attends, ma sœur chérie!
Tu m'as promis de revenir;
Car déjà l'automne est finie,
Et toutes les fleurs vont mourir!
De ce cœur brûlant qui t'adore,
Tous les vœux seront-ils perdus?

Ma sœur, si tu tardes encore,
Ton seul ami ne sera plus!

SECOND COUPLET.

Des bois qui trouble le silence?
Dans mon cœur qui vient retentir?
Ce bruit! est-ce elle qui s'avance?
Non, c'est l'écho de mon soupir!
De ce cœur brûlant qui t'adore,
Tous les vœux seront-ils perdus?
Ma sœur, si tu tardes encore,
Ton seul ami ne sera plus!

Après les couplets, Frantz va s'asseoir avec accablement sur un banc de gazon.

SCÈNE VII.

FRANTZ, LÉOPOLD.

LÉOPOLD, *avec égarement, son anneau de fiançailles à la main.*

Enfin me voilà seul! et mon âme éperdue
Ose à peine en croire ma vue!
Je viens, dans cet anneau...

Montrant le bosquet.

...Que l'on m'a donné... là,
De retrouver l'anneau de Paola!

FRANTZ.

Paola! qui t'appelle?...

Apercevant Léopold.

...En ces lieux, comme moi,
Vous l'attendiez, peut-être?...

LÉOPOLD.

...O ciel! Frantz! est-ce toi?
Toi, qui de Paola fus le soutien, le frère!
Connais-tu de sa mort le motif trop cruel?

FRANTZ.

Hélas! hélas! c'est un sombre mystère!
Pour me le révéler elle a quitté le ciel!

DUO.

FRANTZ.

Comme une fleur dans la fougère,
Cachée au fond de ma chaumière,
Ma Paola croissait en beauté chaque jour;
Mais un séducteur téméraire,
Trompant ma vigilance austère,
A ce cœur innocent avait parlé d'amour!

LÉOPOLD, *à part.*

O ciel!...

FRANTZ, *continuant.*

...Et puis il partit pour la guerre;
Et ce départ... funeste souvenir!
Ma Paola! t'a fait mourir!...

LÉOPOLD, *à part.*

De terreur je me sens frémir!

FRANTZ, *à Léopold.*

C'était un soir, au sein de la vallée,

Chacun fêtait un doux retour...
Et déjà la foule assemblée
Commençait vivement, sous la voûte étoilée,
La valse si chère à l'amour...
L'entendez-vous?...

L'orchestre joue en sourdine la valse du premier
acte.

...Quels accords pleins d'ivresse!
Et quels accents de gaîté, de plaisir!
Valsons, amis! rions sans cesse...

Avec douleur.

Tandis qu'elle!... elle va mourir!...

LÉOPOLD, à part.

Ah! malgré moi l'effroi vient me saisir!

FRANTZ, continuant.

Puis on entend au loin une marche guerrière.

LÉOPOLD.

O ciel!...

On entend en sourdine la marche du premier acte.

FRANTZ.

...Et Paola, vive et légère,
Pour revoir celui qu'elle aimait,
Gravit la roche séculaire
Qui domine notre forêt...

LÉOPOLD, avec la plus vive agitation.

Achevez!...

FRANTZ, continuant.

...Tout à coup un long cri de détresse
Au milieu du bois retentit!...
Le vieux pont du torrent et s'ébranle et s'affaisse!...
Puis, avec Paola, s'abîme et s'engloutit!...

LÉOPOLD.

Horreur! horreur!... réponds... qui te l'a dit?...

FRANTZ.

Même chant qu'au début du duo.

C'est un triste mystère!...
Pour me le révéler elle a quitté le ciel!

LÉOPOLD, hors de lui.

Ah! si ce n'est une chimère,
Elle souffrit pour moi ce trépas si cruel!...

FRANTZ, stupéfait, jetant un cri.

Pour vous!... Ce séducteur, ce traître...
Qui m'enleva tout mon bonheur!...
C'était vous?...

LÉOPOLD.

...Désespoir!...

FRANTZ.

...Dieu ne t'a fait connaître
A moi que pour guider ici mon bras vengeur!...

ENSEMBLE.

LÉOPOLD.

Paola! ta vie
Pour moi fut ravie!
O ma jeune amie!
J'en perds la raison!...

Ah! le ciel m'éclaire,
Sa juste colère
N'aura sur la terre
Jamais de pardon!

FRANTZ.

Oui, c'était ma vie
Que tu m'as ravie!...
Ma sainte furie
Me rend la raison!...
O ma sœur si chère!
C'est toi qui m'éclaire!...
Pour lui sur la terre
Jamais de pardon!

LÉOPOLD, à Frantz.

Non, non! ton esprit en délire
T'inspire seul ce rêve et si triste et si noir!...

FRANTZ, furieux.

Regardez-moi!... L'horreur que votre aspect m'in-
Est-ce de la folie, ou bien du désespoir?... [spire,

REPRISE DE L'ENSEMBLE.

FRANTZ.

Oui, c'était ma vie
Que tu m'as ravie!... etc.

LÉOPOLD.

Paola! ta vie
Pour moi fut ravie! etc.

FRANTZ, avec délire.

C'est moi que Paola charge du châtiment!...
Léopold, au tombeau ta victime t'attend!!...

Il saisit sa carabine, et couche Léopold en joue; l'Ame
de Paola paraît au bout de la carabine, se dressant
tout à coup entre Frantz et Léopold.

SCÈNE VIII.

LES MÊMES, L'AME DE PAOLA.

L'AME, à Léopold, qui l'aperçoit alors.

Pour te sauver, Dieu permet qu'en ce jour,
Tu puisses voir l'objet de ton ancien amour!

TRIO.

FRANTZ.

Dieu! que vois-je? Douce chimère!...
C'est bien Paola qu'en ce jour
Le ciel daigne rendre à la terre,
Pour récompenser mon amour!

LÉOPOLD.

Dieu! que vois-je?... Image trop chère!
Est-ce toi qui viens en ce jour
Du ciel te venger sur la terre
D'un ingrat et perfide amour?

L'AME.

Point de frayeur: Dieu, sur la terre
Permet que je vienne en ce jour

Montrant Léopold à Frantz.

Pour le soustraire à ta colère,
Pour pardonner un autre amour !

FRANTZ, *à l'Ame, son arme à la main.*

Ah ! n'arrête pas ma furie !...
Laisse-moi te venger !...

LÉOPOLD, *à Paola.*

      ...Ne retiens pas son bras !...
Que m'importe à présent la vie,
Lorsque j'ai causé ton trépas !...

L'AME, *à Léopold.*

Ton cœur a retrouvé l'amour de son enfance ;
Léopold, je pardonne à ta nouvelle ardeur !

FRANTZ, *faisant le mouvement de reprendre son arme.*

Moi, je dois le punir !...

L'AME, *à Frantz.*

      ...Abjure ta vengeance !...
Au delà du tombeau, pas d'amour éternel !...

FRANTZ, *avec douleur.*

Pourtant, je vais mourir !...

L'AME, *à Frantz.*

      ...O mon ami ! mon frère !...
Va, ne regrette pas un amour éphémère.

Montrant Léopold.

A lui le bonheur sur la terre !...
A toi le bonheur dans le ciel !...

Avec inspiration.

Bientôt, près de moi , près de Dieu !
  Près de Dieu qui t'appelle,
Tu trouveras, dans le saint lieu,
    Amour fidèle,
    Paix éternelle,
Et le pardon de Dieu !

ENSEMBLE.

FRANTZ, *avec transport.*

Bientôt, près d'elle, près de Dieu !
  Près du Dieu qui m'appelle,
Je trouverai, dans le saint lieu,
    Ma sœur fidèle,
    Paix éternelle,
Et le pardon de Dieu !

LÉOPOLD, *à l'âme.*

Sœur des anges ! obtiens de Dieu,
  De ce Dieu qui t'appelle,
Quand tu seras dans le saint lieu,
    Paix éternelle
    A l'infidèle,
Et le pardon de Dieu !

SCÈNE IX.

Après l'ensemble, on voit arriver tous les Paysans et des jeunes Filles vêtues de blanc, conduisant la Comtesse, sur la reprise du chœur suivant.

CHOEUR.

Venez à la chapelle,
La cloche vous appelle,
Venez, amants heureux !
Dans un doux hyménée,
De votre destinée
Venez serrer les nœuds!

Pendant le chœur, la Comtesse s'est approchée de Léopold, à qui elle tend la main. Léopold, tremblant et indécis, hésite à la prendre, et ne s'y décide que sur un geste de l'Ame, visible seulement pour lui et Frantz. Pendant ce temps, d'épaisses vapeurs sortent de terre, et enveloppent l'Ame de Paola. Mais au moment où le cortége se met en marche pour aller à la chapelle, dont on entend l'orgue et les cloches tinter lentement, l'Ame de Paola paraît au-dessus des nuages, qui l'ont environnée, et, planant au-dessus de Léopold et de la Comtesse, étend les mains sur eux pour les bénir. Tandis que le cortége s'éloigne sur le chœur, qui se chante *piano*, l'on voit Frantz, au pied du tertre sur lequel est Paola, qui tend les bras vers elle, et dit :

FRANTZ.

Le ciel a mis enfin un terme à mes douleurs !...
Attends-moi, Paola ! je te suis... car je meurs !...

L'AME, *tendant les bras à Frantz, que les vapeurs soulèvent jusqu'à elle.*

O mon ami ! seul ami de mon âme !
  Tu n'es pas fait pour ce séjour !...
Viens aimer dans les cieux d'une éternelle flamme
  Et près de moi d'un saint amour !

Les portes de la chapelle se sont ouvertes ; tous les Paysans sont agenouillés, tandis que Frantz, porté alors près de Paola, est aux pieds de la jeune fille, qui soutient sa tête, en lui montrant le ciel. Le Chœur , l'orgue et les cloches continuent dans le lointain. On voit au fond, le cortége de la noce entrer dans la chapelle , et le rideau baisse sur ce double tableau et sur la reprise du chœur.

REPRISE DU CHOEUR.

Venez à la chapelle ;
La cloche vous appelle ;
Venez, amants heureux !
Dans un doux hyménée,
De votre destinée
Venez serrer les nœuds!

FIN DU DEUXIÈME ET DERNIER ACTE.

Imprimerie de Mme Ve Dondey-Dupré, rue Saint-Louis 46, au Marais.